Nikolaus- & Adventsgeschenke zum Vernaschen

von

Tanja Dostal

Fotos von Andreas Ketterer
und Evelyn Layher

Schneemann, Nikolaus und Co. suchen ein neues Zuhause

Suchen Sie für Freunde und Familie etwas ganz Besonderes und Persönliches?
Mit Liebe gemacht kommen diese Nikoläuse, Schneemänner und Rentiere bei jedem gut an.
Zaubern Sie so ganz einfach Weihnachtsstimmung auf den Tisch: als Dekoration, Tischkarten oder
Geschenk. Und das Beste: sie sind nicht nur schön, man kann sie auch essen!

Achten Sie darauf, nur essbare Teile zur Dekoration der Rezepte zu verwenden !

Und damit Ihnen die Zubereitung leicht fällt, habe ich noch ein paar Tipps rund ums
Dekorieren für Sie zusammengestellt:

Schokolade temperieren

Für die meisten Rezepte in diesem Buch benötigen Sie flüssige Schokolade. Am besten verwenden Sie Kuvertüre, die gegenüber der normalen Schokolade über einen höheren Fettanteil in Form von Kakaobutter verfügt. Beim Schmelzen bzw. Temperieren der Kuvertüre sollten Sie einige Dinge beachten: Kuvertüre grob zerkleinern und über einem heißen Wasserbad auf maximal 40–45 °C erhitzen. Für diejenigen, die öfter Schokolade schmelzen, lohnt es sich ein digitales Küchenthermometer zuzulegen. Rühren Sie die Kuvertüre regelmäßig um. Achten Sie darauf, dass kein Wasser in die Kuvertüre gelangt, sonst trennt sich die Kakaobutter von den restlichen Bestandteilen und die Kuvertüre klumpt. Nun lassen Sie die Kuvertüre bei Raumtemperatur abkühlen, dabei regelmäßig umrühren. Es gelten folgende Temperaturen:

· Zartbitterkuvertüre 28–29 °C
· Vollmilchkuvertüre 26–27 °C
· weiße Kuvertüre 25–26 °C

Anschließend die Kuvertüre wieder um ca. 2 °C erwärmen.
Durch das Temperieren bekommt die Kuvertüre eine schöne glatte und matt glänzende Oberfläche.

Jetzt wird's bunt – Lebensmittelfarben

Für einige Rezepte benötigen Sie Lebensmittelfarben zum Einfärben von Zuckerguss, Marzipan oder Schokolade. Hier gilt es darauf zu achten, was Sie einfärben wollen. Mit Lebensmittelfarben auf Wasserbasis, das sind die meisten im Supermarkt erhältlichen Farben, können Sie Marzipan, Cremes und Zuckerguss einfärben. Es gibt sie flüssig, als Pulver oder Gel. Möchten Sie Schokolade einfärben, so benötigen Sie fettlösliche Lebensmittelfarbe. Diese bekommen Sie im Fachhandel oder in den Online-Shops im Internet.

Viele Lebensmittelfarben enthalten Azofarbstoffe, die im Verdacht stehen, gesundheitsschädigend zu sein. Azofarbstoffe verbergen sich hinter folgenden E-Nummern: E102, E104, E11, E122, E124, E129. Achten Sie möglichst auf azofreie Farben.

Marzipan in Form gebracht

Marzipan lässt sich besonders leicht formen und fär-
ben und eignet sich deshalb sehr gut für die Rezepte
in diesem Buch. Damit die verwendete Marzipanrohmasse nicht so klebt, wird sie im Verhältnis 2:1
mit Puderzucker verknetet, also auf 200 g Marzipanrohmasse kommen 100 g Puderzucker. Anschließend können Sie die Masse mit Lebensmittelfarben einfärben. Die gefärbte Marzipanmasse lässt
sich gut in Frischhaltefolie gewickelt im Kühlschrank
aufbewahren. Für die Rezepte in diesem Buch ist es zum
Beispiel praktisch, etwas orange eingefärbte Marzipanmasse
für Nasen oder schwarz eingefärbtes Marzipan für Augen und
Knöpfe vorrätig zu haben.

Punk, Punkt, Komma, Strich – Dekorieren macht Spaß

In diesem Buch wird Dekorieren groß geschrieben. Ob mit Schokolade, Zuckerguss oder Marzipan – es geht nicht ohne. Dafür
benötigen Sie natürlich auch das passende Werkzeug. Um Schokolade und auch Zuckerguss zu verarbeiten, sollten Sie sich
einen Spritzbeutel mit unterschiedlichen Tüllen zulegen. Für die
feinen Dekorationen sind die kleinen und feinen Spritztüllen zu
empfehlen, die auch in der Patisserie verwendet werden. Sehr
praktisch ist auch ein sogenannter Dekorationsstift, mit dem Sie
sehr gezielt feine Linien oder Punkte aus Schokolade und Zuckerguss setzen können. Sollten Sie nach dem Dekorieren noch Guss übrig
haben, so können Sie diesen im Kühlschrank einige Tage aufbewahren.

Hier das **Grundrezept für Zuckerguss**, den Sie mit Hilfe des Spritzbeutels oder des Dekorationsstiftes auftragen können:

Nehmen Sie 1 Eiweiß und schlagen Sie es mit den Schneebesen eines elektrischen Rührgerätes etwas steif. Nun geben Sie portionsweise 250 g gesiebten Puderzucker hinzu. Geben Sie nicht sofort den ganzen Puderzucker zum Eiweiß, so können Sie die gewünschte Konsistenz des Puderzuckergusses besser kontrollieren.

Lebkuchen – ein Allrounder

Aus Lebkuchen lassen sich viele schöne Naschereien zum Verschenken herstellen. Er ist stabil, haltbar und lässt sich gut in die entsprechende Form bringen. Auf der Seite 55 finden Sie das Grundrezept für den Lebkuchen, nach dem einige Rezepte dieses Buches zubereitet werden. Sollten Sie bei dem einen oder anderen Rezept Lebkuchenteig übrig haben, so stechen Sie doch schöne Motive daraus aus, verzieren diese mit Zuckerguss und hängen sie mit hübschen Bändern an Ihren Christbaum oder an Geschenke.

Muffins

* 80 g Butter
* 100 g Zucker
* 1 Ei, Größe M
* 150 g saure Sahne
* 250 g Mehl
* 2 TL Backpulver
* 4–5 EL Milch

Frosting

* 125 g Sahne
* 1 Päckchen Vanillezucker
* 1 TL Zucker
* 150 g Mascarpone
* Kokosraspeln zum Wälzen

Dekoration

* 100 g Marzipanrohmasse
* 50 g Puderzucker
* rote und schwarze Lebensmittelfarbe
* weiße Perlen für die Mütze

Außerdem

* 12er-Muffinform
* 12 Papierförmchen

Hoppla – Nikolaus im Schnee

🕐 1 Stunde ✳ 12 Stück

1 Den Backofen auf 190 °C vorheizen. Die Papierförmchen in die Mulden des Muffinblechs legen. Butter, Zucker und Vanillezucker schaumig rühren. Zuerst das Ei, anschließend die saure Sahne unterrühren.

2 Mehl und Backpulver mischen, sieben und abwechselnd mit der Milch unterrühren. Den Teig in die Muffinformen füllen und im heißen Ofen ca. 20 Minuten backen. Auf einem Kuchengitter auskühlen lassen.

3 Für das Frosting Sahne mit Vanillezucker und Zucker steif schlagen. Unter die Mascarpone rühren. Die Creme auf die Muffins streichen und mit Kokosraspeln bestreuen.

4 Für die Dekoration Marzipanmasse mit Puderzucker verkneten. Etwa ⅔ davon rot einfärben, den Rest schwarz. Aus der roten Masse Nikolausbeine und Nikolausmützen, aus der schwarzen Masse die Schuhe formen.

5 Die Schuhe auf die Beine setzen. Jeweils eine Perle als Bommel leicht in die Spitze der Mützen drücken. Mützen und Beine dekorativ auf die Muffins setzen.

Schneemannlöffel

* 100 g weiße Schokolade
* ½ Vanilleschote
* rosafarbene, kleine Bonbons
  (z. B. Tictac)
* 50 g Zartbitterschokolade

Rentierlöffel

* 70 g Vollmilchschokolade
* 30 g Nougat
* 6 kleine rote Bonbons
* 6 braune oder rote Pfeifenputzer als Geweih

Außerdem

* heißes Wasserbad
* 12 Esslöffel mit großer
  Löffelschale

Schneemann-
und Rentierlöffel

🕐 40 Minuten ✳ je 6 Stück

1 Für die Schneemänner die weiße Schokolade in Stücke brechen und in einer Schüssel über einem heißen Wasserbad schmelzen.

2 Die Vanilleschote aufschlitzen und das Vanillemark in die Schokolade einrühren. Die flüssige Schokolade in sechs Löffel füllen. Jeweils ein Bonbon als Nase daraufsetzen. Die Schokolade erstarren lassen.

3 Die Zartbitterschokolade in kleine Stücke hacken, in einen Gefrierbeutel geben und in einem heißen Wasserbad schmelzen. Eine kleine Spitze vom Gefrierbeutel abschneiden und mit der Schokolade Mützen oder Haare, Augen und Mund aufmalen und trocknen lassen (oder einen Dekorationsstift verwenden). Die restliche Schokolade für die Rentiere benutzen.

4 Für die Rentiere Vollmilchschokolade und Nougat in kleine Stücke hacken und über einem heißen Wasserbad schmelzen.

5 Die flüssige Schokoladen-Nougatmischung in 6 Löffel füllen und jeweils 1 rosa Bonbon als Nase in die Mitte setzen. Die Schokolade erstarren lassen.

6 Augen und Mund mit der restlichen Zartbitterschokolade der Schneemänner aufsprit-zen, dabei beachten, dass der Löffelstiel nach oben zeigt. Trocknen lassen und braune oder rote Pfeifenputzer zum Geweih formen und um den Löffelstiel schlingen.

Tipp

✳✳

Geben Sie einen Schokolöffel in einen Becher mit heißer Milch, rühren Sie gut um und Sie erhalten leckeren Kakao.

✳✳

Teig

* 1 Ei, Größe M
* 160 g brauner Zucker
* 100 ml Öl
* 300 g Buttermilch
* 200 g Mehl
* 2 TL Backpulver
* ½ TL Natron
* 3–4 EL Kakao
* 1 Messerspitze Zimt

Frosting

* 200 g Butter
* 120 g Puderzucker
* 200 g Frischkäse
* Mark 1 Vanilleschote
* grüne Lebensmittelfarbe
* bunte Zuckerperlen

Außerdem

* 12er-Muffinblech
* 12 Papierförmchen
* Spritzbeutel mit Sterntülle

Weihnachtsbäumchen

🕐 1 Stunde ✳ 12 Stück ✳ Foto auf Seite 10

1   Den Backofen auf 175 °C vorheizen. Die Papierförmchen in die Mulden eines Muffin-blechs geben.

2   Für die Muffins das Ei und den braunen Zucker schaumig schlagen. Zuerst das Öl, dann die Buttermilch unterrühren. Mehl, Backpulver, Natron, Kakao und Zimt mischen, sieben und ess-löffelweise unterrühren.

3   Den Teig in die Förmchen füllen und im heißen Backofen 20–25 Minuten backen. Auf einem Kuchengitter auskühlen lassen.

4   Für das Frosting Butter und Puderzucker verrühren. Den Frischkäse und das Vanillemark unterrühren. Mit der Lebensmittelfarbe die Creme nach Wunsch grün einfärben.

5   Das Frosting in einen Spritzbeutel mit Sternentülle füllen und kreisförmig jeweils einen Tannenbaum auf einen Muffin spritzen. Diesen mit Zuckerperlen verzieren.

Tipp

✳✳✳

Wer möchte, kann den Tannenbaum noch ein wenig mit Puderzucker bestäuben.
Hübsch sehen die Tannenbäume auch mit einem weißen, ungefärbten Frosting aus.

✳✳✳

Geweih
* ½ Rezept Lebkuchenteig (siehe Seite 55)
* Zuckerguss (siehe Seite 9)

Kuchenteig
* 140 g weiche Butter
* 150 g Zucker
* 1 Päckchen Vanillezucker
* 6 Eier, Größe M
* 100 g Mehl
* ½ Päckchen Backpulver
* 100 g Schokoladenraspeln
* 1 Prise Salz
* Fett für die Form

Füllung
* 1 Glas Sauerkirschen (720 ml)
* 500 g Sahne
* 2 Päckchen Sahnesteif
* 2 Päckchen Vanillezucker
* Kakao zum Bestäuben

Dekoration
* 100 g Marzipanrohmasse
* 50 g Puderzucker
* rote und schwarze Lebensmittelfarbe

Außerdem
* Springform, 26 cm Durchmesser

Rentiertorte

🕐 3 Stunden ✳ Kühlzeit 12 Stunden

1 Für das Rentiergeweih den Lebkuchenteig bereits 1 Tag vorher zubereiten und kühl stellen.

2 Am nächsten Tag den Backofen auf 180 °C vorheizen. Ein Geweih auf Backpapier zeichnen und ausschneiden. Den Teig auf einer leicht bemehlten Arbeitsfläche ausrollen, die Schablone auflegen und mit einem Messer die erste Hälfte des Geweihs ausschneiden. Dann die Schablone seitenverkehrt auf den Teig legen und die zweite Geweihhälfte ausschneiden. Beide Hälften auf ein mit Backpapier ausgelegtes Backblech legen und ca. 18 Minuten backen. Auf einem Gitter auskühlen lassen und mit Zuckerguss die Konturen nachzeichnen. Trocknen lassen.

3 Für den Kuchen den Backofen auf 175 °C vorheizen. Den Boden der Springform mit Backpapier auslegen und den Rand einfetten. Butter, Zucker und Vanillezucker schaumig rühren. Die Eier trennen. Nach und nach die Eigelbe unterrühren. Mehl und Backpulver mischen, sieben und esslöffelweise unterrühren. Die Schokoladenraspeln ebenfalls unterrühren.

4 Eiweiße und Salz steif schlagen und den Eischnee vorsichtig unterheben. Teig in die Form geben und etwa 45 Minuten backen. Auf einem Kuchengitter auskühlen lassen. Die Sauerkirschen in einem Sieb abtropfen lassen.

5 Den Kuchen bis auf einen ca. 1 cm breiten Rand vorsichtig mit einem Löffel aushöhlen. Die ausgehöhlten Kuchenteile zerbröseln und beiseite stellen. Die Sauerkirschen auf dem Tortenboden verteilen. Sahne mit Sahnesteif und Vanillezucker steif schlagen und kuppelförmig auf den Kirschen verteilen. Die Kuchenkrümel auf der Sahnekuppel verteilen und etwas andrücken. Zum Schluss gut mit dem Kakao bestreuen.

6 Für Augen und Nase Marzipan mit Puderzucker verkneten. Eine Hälfte rot einfärben und daraus eine Kugel formen. Diese als Nase auf den Kuchen setzen. Für die Augen die Masse nochmal teilen und eine Hälfte schwarz einfärben. Daraus die Augen formen und auf den Kuchen setzen. Die Geweihhälften in den Kuchen stecken.

Teig	Guss	Dekoration
✳ 3 x Lebkuchengrundrezept von Seite 55	✳ 2 Eiweiß, Größe M ✳ 500 g Puderzucker	✳ Süßigkeiten zum Verzieren ✳ Puderzucker zum Bestäuben

untes Lebkuchenhaus

🕐 4 Stunden ✳ Kühlzeit 12 Stunden

1 Den Lebkuchenteig nach der Grundrezeptanleitung herstellen und über Nacht kühl stellen.

2 Die Schablonen für das Lebkuchenhaus herstellen. Dafür die Vorlagen auf Seite 56/57 kopieren und ausschneiden. Ein Backblech mit Backpapier auslegen. Den Backofen auf 180 °C vorheizen.

3 Den Teig dritteln. 1 Drittel auf einer leicht bemehlten Arbeitsfläche auf Blechgröße ausrollen. Auf das Blech geben und im heißen Backofen ca. 20 Minuten backen. Herausnehmen, die Schablonen auflegen und die Hausteile ausschneiden.

4 Das 2. Drittel ebenfalls ausrollen, backen und die restlichen Teile ausschneiden. Aus dem übrigen Lebkuchen können Sie noch Tannen ausstechen.

5 Aus dem 3. Drittel eine Unterlage für das Lebkuchenhaus ausrollen. Auf ein mit Backpapier belegtes Blech geben und backen. Alle Lebkuchenteile auskühlen lassen.

6 Für den Zuckerguss die Eiweiße steif schlagen und den Puderzucker unterrühren. Die Masse in einen Spritzbeutel mit Lochtülle geben. Zuerst die Seitenteile und die Giebel mit dem Zuckerguss auf der Lebkuchenplatte zusammenkleben, als Stütze können Sie ein Glas verwenden. Trocknen lassen.

7 Die Dachflächen aufkleben, die Tür ankleben und alles gut trocknen lassen. Zum Schluss das Lebkuchenhaus nach Wunsch mit Zuckerguss, den ausgestochenen Tannen und Süßigkeiten verzieren. Mit Puderzucker bestäuben.

Tipp
* *

Sie können das Häuschen noch stabilisieren, indem Sie Winkel aus dickerer Pappe als Stütze verwenden. Kleben Sie diese mit etwas Zuckerguss fest.

* *

19

Eisbären

* Teig vom Schneemann
  (Rezept Seite 54)
* etwas Milch oder Sahne
* Kokosraspeln zum Wälzen
* Zuckerperlen in 2 Größen für
  Augen und Nase
* Backobladen für die Ohren

Iglu

* 3 Überraschungseier
* kleine Marshmallows
* 100 g Puderzucker
* ca. 1 TL Wasser

Pinguine

* 100 g Marzipanrohmasse
* 50 g Puderzucker
* rote und gelbe Lebens-
  mittelfarbe
* 10 Kinder Schokobons
  (z. B. von Ferrero)
* evtl. kleine schwarze Zuckerperlen für die Augen

Nordpol trifft Südpol

🕐 3 Stunden

1   Für die Eisbären die Teigmasse wie im Rezept auf Seite 54 beschrieben zubereiten und
    mindestens 30 Minuten kühl stellen.

2   Anschließend daraus die Körper für die Eisbären formen. Diese mit etwas Milch oder Sahne
    bestreichen und in Kokosraspeln wälzen. Jeweils 2 kleine schwarze Zuckerperlen als Augen
    und 2 größere als Nase vorsichtig in die Masse drücken. Aus Backobladen die Ohren aus-
    schneiden und in die Eisbärkörper stecken.

3   Für die Iglus jeweils ungefähr ⅓ des Überraschungseis mit einem Messer vorsichtig ab-
    schneiden. Dies geht am besten mit einem geriffelten Messer. Die kleineren Stücke können
    vernascht werden. Puderzucker mit Wasser anrühren, Marshmallows an einer Seite damit
    bestreichen und diese als Eisblöcke auf das Überraschungsei setzen. Dabei den Eingang
    des Iglus frei lassen. Alles trocknen lassen.

4   Für die Pinguine Marzipanrohmasse mit Puderzucker verkneten. Die Masse halbieren.
    Aus der einen Hälfte kleine rechteckige Platten formen und jeweils auf die Vorderseite der
    Schokobons setzen. Die andere Hälfte mit roter und gelber Lebensmittelfarbe orange ein-
    färben. Anschließend jeweils die Schnäbel sowie die Füße der Pinguine formen und an den
    Schokobons evtl. mit etwas Zuckerguss befestigen. Als Augen jeweils 2 kleine schwarze
    Zuckerperlen verwenden.

Teig

* 250 g Mehl
* 125 g Puderzucker
* abgeriebene Schale ½ Bio-Zitrone
* 1 Messerspitze Salz
* 1 Ei, Größe M
* 150 g Butter

Außerdem

* 1 Packung farbenfrohe Fruchtbonbons (z. B. Campino von Storck, 325 g)
* Ausstechformen
* Bänder zum Anhängen

Leuchtende Kekse

🕐 1 Stunde ✳ Kühlzeit 1 Stunde

1 Mehl, Puderzucker, Zitronenschale, Salz, Ei und Butterstückchen mit dem Knethaken zu einem glatten Teig verkneten, in Folie wickeln und für ca. 1 Stunde in den Kühlschrank legen.

2 Den Backofen auf 180 °C vorheizen. Den Teig auf einer bemehlten Arbeitsfläche ausrollen und beliebige Motive ausstechen. Diese auf ein mit Backpapier belegtes Backblech geben und jeweils eine oder mehrere kleinere Formen aus den Plätzchen ausstechen. Ebenfalls ein kleines Loch zum Aufhängen z.B. mit einer kleinen Lochtülle ausstechen.

3 Die Plätzchen im heißen Backofen ca. 5 Minuten backen. Inzwischen die Fruchtbonbons nach Farben sortieren und mit Hilfe eines Fleischklopfers in grobe Stücke brechen. Nach 5 Minuten Backzeit die Bonbonstücke in die Löcher der Plätzchen füllen und weitere 5 Minuten backen. Achten Sie darauf, das die Bonbonmasse nicht kocht, sonst verblasst die Farbe.

4 Die Plätzchen auf dem Backblech erkalten lassen bis die Bonbonmasse fest ist.

Tipp

****

Ich hänge die Plätzchen gerne als Schmuck in den Tannenbaum oder an einen Zweig am Fenster. Wenn die Sonne durch die Bonbonmasse scheint, kommt es zu schönen Lichtreflexen.

****

* 4 Äpfel
* 200 g Vollmilchkuvertüre
* 25 g Kokosfett
* 50 g Zartbitterkuvertüre
* 4 rote Geleefrüchte

Außerdem
* 4 Cakepop-Stiele
* 4 rote Pfeifenputzer

# Schokoapfel »Rudi«

🕐 1 Stunde ✳ 4 Stück ✳ Foto auf Seite 11

1 Die Äpfel entstielen, waschen und gut abtrocknen. Vollmilchkuvertüre und Kokosfett klein hacken und zusammen über einem heißen Wasserbad schmelzen.

2 Mit Hilfe eines Schaschlikspießes oder einer Rouladennadel ein Loch für den Stiel in jeden Apfel bohren. Cakepop-Stiele hineinstecken. Äpfel in die geschmolzene Vollmilchschokolade eintauchen, abtropfen lassen und auf ein Stück Backpapier setzen. Jeweils eine rote Gelee-frucht als Nase auf die Äpfel setzen. Trocknen lassen.

3 Die Zartbitterkuvertüre klein hacken und über einem heißen Wasserbad schmelzen. In einen kleinen Spritzbeutel füllen und damit Augen, Augenbrauen und Mund aufspritzen. Wieder trocknen lassen.

4 Die Pfeifenputzer zu Geweihen formen und um den Stiel schlingen.

Tipp
✳✳

Für die Schneemann-Variante verwenden Sie weiße Kuvertüre, dunkle Kuvertüre für Augen und Mund sowie eine orangefarbene Schokolinse als Nase. Aus schwarz einge-färbtem Marzipan können Sie noch einen Hut formen und auf den Apfel setzen.

✳✳

Teig

* 75 g weiche Margarine
* 100 g Zucker
* 1 Ei, Größe M
* 200 g Dickmilch
* 200 g Mehl
* 1 Messerspitze Zimt
* 1 Prise gemahlene Nelken
* 1–2 EL Kakao
* 1 TL Natron

Dekoration

* 150–200 g Zartbitterkuvertüre
* Zuckerstreusel
* Süßigkeiten

Außerdem

* Ausstechformen

Gefüllte Plätzchenausstecher

🕐 1 Stunde

1 Den Backofen auf 175 °C vorheizen. Die Plätzchenausstecher einfetten und mit Mehl ausstäuben. Auf ein mit Backpapier belegtes Backblech setzen.

2 Margarine und Zucker schaumig rühren. Das Ei unterrühren. Dickmilch ebenfalls unterrühren. Mehl, Zimt, Nelken, Kakao und Natron mischen, sieben und esslöffelweise unterrühren.

3 Den Teig in die Ausstechformen füllen (Teig nicht zu hoch einfüllen) und im heißen Backofen ca. 30 Minuten backen. Auskühlen lassen.

4 Die Kuvertüre klein hacken und im heißen Wasserbad schmelzen. Die Küchlein damit überziehen und mit Süßigkeiten verzieren.

Tipp

✳✳✳

Bei diesem Rezept schenken Sie die Ausstechformen gleich mit. Schreiben Sie das Rezept auf ein schönes Blatt Papier und legen Sie es bei.

✳✳✳

Muffins

* 100 g Zartbitterschokolade
* 80 g weiche Butter
* 100 g Zucker
* 1 Päckchen Vanillezucker
* 1 Ei, Größe M
* 1 Prise Salz
* 190 g Mehl
* 20 g Kakao
* 1½ TL Natron
* 125 ml Milch

Dekoration

* 150 g Kuvertüre
* 25 g Kokosfett
* 24 Zuckeraugen
* 24 Salzbrezeln
* 50 g Marzipanrohmasse
* 25 g Puderzucker
* 11 braune und 1 rote Schokolinse

Außerdem

* 12er-Muffinblech
* 12 Papierförmchen

Warten auf den großen Einsatz

⏱ 1 Stunde ✳ 12 Stück

1 Den Backofen auf 190 °C vorheizen. Papierförmchen in das Muffinblech legen. Zartbitter-schokolade in kleine Stücke brechen und über einem heißen Wasserbad schmelzen. Etwas abkühlen lassen.

2 Inzwischen Butter, Zucker und Vanillezucker schaumig rühren. Das Ei unterrühren. Mehl, Kakao und Natron mischen, sieben und esslöffelweise abwechselnd mit der Milch unterrühren. Den Teig in die Förmchen geben und im heißen Backofen ca. 20 Minuten backen. Auf einem Gitter auskühlen lassen.

3 Für die Glasur Kuvertüre grob hacken und zusammen mit dem Fett über einem Wasserbad schmelzen. Die Muffins darin mit der Oberseite eintauchen. Kuvertüre etwas antrocknen lassen.

4 Inzwischen die Salzbrezeln vom Salz befreien und in die noch etwas feuchte Kuvertüre stecken. Zuckeraugen leicht in die noch feuchte Kuvertüre drücken.

5 Die Marzipanmasse mit Puderzucker verkneten, daraus Kreise formen und als Nasen auf die Muffins setzen. Jeweils eine Schokolinse mit etwas Kuvertüre aufsetzen.

Tipp

****

Mit diesen Muffins lässt sich ein schönes Weihnachtsmanngespann arrangieren. Stellen Sie ein Rentiergespann aus 8 Cupcakes mit brauner und einen Cupcake mit roter Nase vor einem kleinen Deko-Holzschlitten auf eine schöne Servierplatte. Als Schnee können Sie Kokosraspel streuen.

****

Teig

* 150 g weiche Butter
* 75 g Puderzucker
* 1 Päckchen Vanillezucker
* 1 Ei, Größe M
* 1 Prise Salz
* 350 g Mehl
* 2 EL Kakaopulver

Füllung

* 100 g Nougat
* 50 g Zartbitterschokolade

Dekoration

* 1 Eiweiß
* 250 g Puderzucker
* Zuckerperlen
* Zuckersterne

Außerdem

* Tannenbaum-Ausstecher (ca. 9 cm hoch)
* Spritzbeutel mit kleiner Lochtülle
* 25 Holz-Eisstiele

Schoko-Tannen am Stiel

🕐 1 Stunde ✳ Kühlzeit 1 Stunde ✳ Foto auf Seite 28

1   Butter, Puderzucker und Vanillezucker schaumig rühren. Ei und Salz unterrühren. Mehl und Kakao mischen, sieben und unterkneten. Den Teig in Folie wickeln und für etwa 1 Stunde in den Kühlschrank geben.

2   Den Backofen auf 200 °C vorheizen. Ein Backblech mit Backpapier auslegen. Den Teig auf einer bemehlten Arbeitsfläche 3 bis 4 mm dünn ausrollen und Tannenbäume ausstechen. Auf das Backblech legen und 8–10 Minuten im heißen Ofen backen. Auskühlen lassen.

3   Für die Füllung Nougat und Zartbitterschokolade grob hacken. Beides in einer Schüssel über einem heißen Wasserbad unter Rühren schmelzen. Die Masse etwas abkühlen lassen, bis sie dickflüssig ist.

4   Die Schoko-Nougatmasse in einen Spritzbeutel füllen und auf die Hälfte der Plätzchen spritzen. Jeweils einen Eisstiel hineindrücken und die restlichen Plätzchen daraufsetzen. Ca. 1 Stunde kühl stellen.

5   Das Eiweiß etwas steif schlagen und den Puderzucker nach und nach einrühren, sodass eine sahnige Konsistenz entsteht. Die Masse in einen Spritzbeutel mit kleiner Lochtülle füllen und den Tannenbaum damit verzieren. Zuckerperlen und -sterne in den noch feuchten Puderzuckerguss setzen.

* 100 g Marzipanrohmasse
* 50 g Puderzucker
* Kakaopulver
* 1 Packung weiße Schoko-
  Gebäckstangen (z. B. Mikado)
* Puderzucker
* Mini-Butterkekse
* Mini-Orangen-Schokokekse

Vogelhäuschen

🕐 1,5 Stunden ✶ 30 Minuten Kühlzeit ✶ Foto auf Seite 29

1 Die Marzipanrohmasse mit Puderzucker verkneten. Anschließend Kakao bis zur gewünschten Braunfärbung unterkneten. Dann die Marzipanmasse ca. 30 Minuten kühl stellen.

2 Anschließend aus der Marzipanmasse kleine Vogelhäuschen formen (ca. 4 cm hoch). Mit einem Kochlöffelstiel vorsichtig den Eingang in die Häuschen bohren.

3 Von den Schokostangen die obere Spitze abbrechen und als Sitzstange vorsichtig unter dem Eingang anbringen. Etwas Puderzucker mit wenig Wasser anrühren und damit die Butterkekse als Dach auf die Häuschen kleben. Trocknen lassen.

4 Je 1 Schoko-Gebäckstange durch 1 Orangenkeks stecken, das Loch evtl. vorher mit einem Zahnstocher vorbohren. Anschließend das Vogelhäuschen auf die Gebäckstange setzen. Auch hier besser ein Loch vorbohren. Das Häuschen mit etwas Puderzucker bestäuben. Wer mag, kann sie auch mit Zuckerguss verzieren.

Tipp

★★★

Da die Gebäckstäbchen leicht zerbrechen, können Sie auch Cakepop-Stiele verwenden.

★★★

Biskuit
* 4 Eier, Größe M
* 80 g Zucker
* 1 Päckchen Vanillezucker
* 1 Päckchen Schokoladen-
  puddingpulver
* 70 g Mehl

Füllung
* 2 Blatt Gelatine
* 400 g Sahne
* 2 Päckchen Vanillezucker

Dekoration
* 2 Packungen Mini-Orangen-
  Schokokekse
* Süßigkeiten

Weihnachtszug

🕐 2,5 Stunden ✳ Kühlzeit 12 Stunden

1   Den Backofen auf 200 °C vorheizen. Eier, Zucker und Vanillezucker mit den Schneebesen eines elektrischen Rührgeräts cremig schlagen. Puddingpulver und Mehl mischen, auf die Eiermasse sieben und mit einem Handschneebesen vorsichtig unterheben.

2   Den Teig auf ein mit Backpapier ausgelegtes Backblech geben und glatt streichen. Im heißen Backofen ca. 12 Minuten backen. Die Biskuitplatte längs halbieren und noch heiß mit Hilfe des Backpapiers aufrollen. Auskühlen lassen.

3   Die Gelatine einweichen. Schlagsahne und Vanillezucker steif schlagen. Die Gelatine ausdrücken und in einem kleinen Topf bei schwacher Hitze auflösen. Mit etwas Sahne verrühren und das Ganze unter die restliche Sahne rühren.

4   Beide Biskuitrollen vorsichtig auseinander rollen und das Backpapier abziehen. Beide Biskuitplatten mit der Sahne füllen und wieder aufrollen und über Nacht kühl stellen.

5   Am nächsten Tag die beiden Rollen jeweils in 3 gleich große Stücke schneiden. Von einem Stück 1/3 abschneiden. Das kleinere Stück als Führerhaus auf die Lok setzen. Das größere Stück wird der Kohlewagen.

6   Die Orangenkekse als Stoßdämpfer und Räder mit etwas Sahne ankleben. Den Zug nach Belieben mit Süßigkeiten dekorieren.

Tipp
✳✳✳
Mit der restlichen Sahne können Sie Süßigkietn auf dem Zug befestigen.
✳✳✳

Käse-Sahne-Torte

* 1 Packung Wiener Boden, dunkel
* 500 g Magerquark
* 180 g Zucker
* 1 Päckchen gemahlene Gelatine
* ½ Päckchen Vanillepudding-pulver
* 250 ml Milch
* 500 g Sahne

Lebkuchenrand

* 1 Lebkuchen-Grundrezept (siehe Seite 55)
* 1 Eiweiß, Größe M
* 250 g Puderzucker
* geschlagene Sahne

Außerdem

* Puderzucker zum Bestäuben
* Tortenring, 26 cm Durch-messer
* Spritzbeutel mit kleiner Lochtülle

Lebkuchenstadt

🕐 1 Stunde ✳ Kühlzeit 12 Stunden

1 Den unteren Boden auf eine Tortenplatte legen und einen Tortenring darum legen. Mager-quark und Zucker verrühren. Die Gelatine laut Packungsanweisung mit kaltem Wasser anrüh-ren und quellen lassen. Das Puddingpulver mit etwas Milch anrühren. Die restliche Milch zum Kochen bringen, vom Herd nehmen und das angerührte Puddingpulver einrühren. Nochmals kurz aufkochen lassen und zum Quark geben.

2 Die eingeweichte Gelatine über einem heißen Wasserbad unter Rühren auflösen, mit etwas Quarkcreme verrühren und das Ganze dann zur restlichen Creme geben und unterrühren. Sah-ne mit Sahnesteif steif schlagen und mit einem Schneebesen unter die Quarkmasse heben.

3 Die Creme auf dem Biskuitboden verteilen und die obere Hälfte des Wiener Bodens darauf setzen. Die Torte über Nacht kühlen.

4 Für die Lebkuchenhäuser den Lebkuchen wie im Grundrezept von Seite 55 beschrieben zube-reiten und ebenfalls über Nacht kühl stellen.

5 Am nächsten Tag den Backofen auf 180 °C vorheizen. Den Lebkuchenteig auf einer leicht bemehlten Fläche ausrollen und 10 Häuser (ca. 8 cm breit und 10 cm hoch) mit Hilfe einer Schablone ausschneiden. Die Häuser auf ein mit Backpapier belegtes Blech geben und im heißen Backofen ca. 18 Minuten backen. Auskühlen lassen. Aus dem restlichen Teig Sterne ausstechen, die später auf Stiele gesteckt einen Himmel über der Torte bilden.

6 Das Eiweiß steif schlagen und den Puderzucker einrühren. Die Masse in einen Spritzbeutel mit kleiner Lochtülle geben und die Häuser damit verzieren. Trocknen lassen.

7 Den Tortenring entfernen. Kleine Sterne aus Papier ausschneiden, auf die Torte legen und mit Puderzucker bestäuben. Die Papiersterne vorsichtig entfernen. Die Lebkuchenhäuser mit Hilfe von etwas geschlagener Sahne an den Tortenrand kleben. Bis zum Servieren kühl stellen.

Teig
* 300 g heller Biskuit
  (z. B. Wiener Boden)
* 50 g Mascarpone
* 1–2 EL Milch

Dekoration
* 250 g weiße Kuvertüre
* 30 g Kokosfett
* rote Lebensmittelfarbe für
  Schokolade
* ca. 15 rosa Zuckerbonbons
  (z. B. TicTac)
* ca. 15 weiße Zuckerperlen
* 50 g Zartbitterkuvertüre

* 1 Eiweiß
* 250 g Puderzucker
* evtl. kleine weiße Zuckerperlen (Nonpareils)

Außerdem
* rot-weiße Cakepop-Stiele
* Srpritzbeutel mit kleiner
  Lochtülle

Weihnachtsmann mit Sti(e)l

🕐 3 Stunden ✳ Kühlzeit 12 Stunden

1   Den Biskuit fein zerbröseln. Mascarpone und Milch untermengen, sodass eine gut formbare Masse entsteht. Daraus ca. 15 kleine Bällchen formen, auf ein Brett legen und in den Kühlschrank stellen, am besten über Nacht.

2   Die weiße Kuvertüre und das Kokosfett klein hacken und über einem heißen Wasserbad schmelzen. ⅔ davon mit roter Lebensmittelfarbe zart rosa, die restliche Kuvertüre rot einfärben. Jeweils einen Cakepop-Stiel mit der Spitze in die rosa Kuvertüre tauchen und vorsichtig in ein Bällchen stecken. Wieder kurz zum Trocknen in den Kühlschrank stellen.

3   Anschließend die Bällchen nacheinander in die rosa Kuvertüre tauchen und abtropfen lassen. Die rosa Zuckerbonbons vorsichtig mit einem Messer halbieren und jeweils eine Hälfte als Nase in die feuchte Kuvertüre setzen. Trocknen lassen.

4   Die rote Kuvertüre nochmals schmelzen und die Bällchen mit der Oberseite leicht schräg eintauchen, so dass eine rote Mütze entsteht. Abtropfen lassen und eine weiße Zuckerperle in die noch feuchte Kuvertüre als Mützenbommel setzen.

5   Die Zartbitterkuvertüre klein hacken, über einem heißen Wasserbad schmelzen und mit einem Dekorationsstift oder kleinen Spritzbeutel Augen aufspritzen. Trocknen lassen.

6   Das Eiweiß steif schlagen, den Puderzucker einrühren und in einen Spritzbeutel mit kleiner Lochtülle füllen. Damit einen Mützenrand und den Bart aufspritzen. Eventuell noch kleine Zuckerperlen auf den Zuckerguss streuen. Trocknen lassen.

Teig

* 250 g Mehl
* ½ Päckchen Trockenhefe
* 2 EL Zucker
* 1 Päckchen Vanillezucker
* ½ TL Zimt

* 25 g weiche Butter
* 100 ml lauwarme Milch
* etwas Milch zum Bestreichen

Guss

* 1 Eiweiß
* 250 g Puderzucker

Dekoration

* 100 g Marzipanrohmasse
* 50 g Puderzucker
* rote und gelbe Lebensmittel-farbe
* schwarze Lebensmittelfarbe

Schneemann-Stangen

🕐 2,5 Stunden ✳ Foto auf Seite 29

1. Mehl, Trockenhefe, Zucker, Vanillezucker, Zimt, Butter und die lauwarme Milch zu einem glatten Teig verkneten. An einem warmen Ort (oder im Backofen bei 30 °C) etwa 45 Minuten gehen lassen.

2. Den Backofen auf 230 °C vorheizen. Ein Backblech mit Backpapier auslegen. Den Teig nochmals durchkneten, zu einer Rolle formen und in 15 gleich große Stücke schneiden. Jedes Stück zu einer ca. 20 cm langen Wurst ausrollen, auf das Backblech legen, mit etwas Milch bestreichen und im heißen Backofen 8–10 Minuten backen. Auskühlen lassen.

3. Das Eiweiß steif schlagen, 250 g Puderzucker einrühren und die Masse in ein hohes, schmales Glas füllen. Die Stangen ca. 10 cm tief in den Guss tauchen. Etwas antrocknen lassen und mit einer Gabel kleine Spitzen aus dem Guss ziehen. Etwas trocknen lassen.

4. Die Marzipanmasse mit 50 g Puderzucker verkneten. Ein kleines Stück für die Nasen orange einfärben, kleine Nasen formen und auf die Stangen setzen. Das restliche Marzipan schwarz einfärben, daraus Augen, Knöpfe und Mund formen. Aus dem restlichen schwarzen Marzipan Hüte kneten.

Tipp

Wenn es schnell gehen soll, können Sie auch gekaufte Grissinis verwenden.

Sterne

* 200 g Schoko-Puffreis
  (z.B. Nippon)
* 50 g Vollmilchkuvertüre
* 30 g Nougat
* 20 g Kokosfett
* kleine bunte Zuckerperlen
  (Nonpareils)

Außerdem

* Stern- oder Herzausstech-
  formen
* Schaschlikspieße
* Backrahmen

Bunte Knuspersterne

🕐 1 Stunde ✳ Foto auf Seite 28

1 Den Schoko-Puffreis in kleine Stücke brechen. Kuvertüre, Nougat und Kokosfett in kleine
   Stücke schneiden. Alles in eine Schüssel geben und über einem heißen Wasserbad schmelzen.

2 Backrahmen auf 18 x 18 cm einstellen, auf ein mit Backpapier belegtes Backblech geben und
   die Masse darin gleichmäßig verteilen. Die Zuckerperlen aufstreuen und die Schokolade im
   Kühlschrank trocknen lassen.

3 Sterne oder Herzen ausstechen. Mit einem Schaschlikspieß vorsichtig ein Loch für den
   Stiel anbohren, dann die stumpfen Seite vom Spieß als Stiel in die Sterne stecken.
   Die Spitze abschneiden.

Tipp

✱✱✱✱✱✱✱✱✱✱✱✱✱✱✱✱✱✱✱✱✱✱✱✱✱✱✱✱✱✱✱✱✱✱✱✱✱

*Hübsch sieht es aus, wenn man unterhalb des Sterns ein dekoratives Band zur
Schleife bindet. Geben Sie noch ein paar weihnachtliche Gewürze zur Schokolade.*

✱✱✱✱✱✱✱✱✱✱✱✱✱✱✱✱✱✱✱✱✱✱✱✱✱✱✱✱✱✱✱✱✱✱✱✱✱

Teig

* 125 g Butter
* 120 g brauner Zucker
* 200 g Zuckerrübensirup
* 400 g Mehl

* 1 TL Zimt
* 3/4 TL gemahlener Ingwer
* 1 Prise Salz

Guss

* 1 Eiweiß
* 250 g Puderzucker

Außerdem

* buntes Schleifenband
* Ausstechformen
* Spritzbeutel mit kleiner Lochtülle

Plätzchengirlande

🕐 1 Stunde * Kühlzeit 4 Stunden

1 Butter, Zucker und Sirup in einen Topf geben und erwärmen, bis der Zucker aufgelöst ist. Mehl, Zimt, Ingwer und Salz mischen. Die Butter-Zucker-Mischung dazugeben und mit einem elektrischen Handrührgerät alles zu einem glatten Teig kneten. In Folie gewickelt einige Stunden kühl stellen.

2 Den Backofen auf 175 °C vorheizen. Den Teig auf einer bemehlten Arbeitsfläche ausrollen. Lebkuchenmänner und Schneeflocken ausstechen. Die Plätzchen auf ein mit Backpapier ausgelegtes Backblech legen und mit Hilfe einer Lochtülle je 2 Löcher für das Band ausstechen.

3 Die Plätzchen im heißen Backofen 12–15 Minuten backen. Nach dem Backen die Löcher nochmals mit der Lochtülle ausstechen und die Kekse auf einem Kuchengitter auskühlen lassen.

4 Für den Guss das Eiweiß steif schlagen, den Puderzucker einrühren und den Guss in einen Spritzbeutel mit kleiner Lochtülle füllen. Die Plätzchen verzieren, trocknen lassen und dann das Band vorsichtig durch die Plätzchen fädeln.

Tipp

* *

Um die Girlande vertikal aufhängen zu können, stechen Sie die beiden Löcher für das Band übereinander aus. Aus den restlichen Plätzchen können Sie mit Schleife schöne Geschenkanhänger herstellen, so wird jedes Geschenk ein echter Hingucker.

* *

- ✳ 100 g Zartbitterschokolade
- ✳ 50 g Vollmilchschokolade
- ✳ 75 g Butter
- ✳ 150 g Vanillekipferl
- ✳ 100 g Walnusskerne
- ✳ 25 g gehackte Pistazien
- ✳ 1-2 TL Lebkuchengewürz
- ✳ 1 EL Rum
- ✳ Puderzucker zum Wälzen

Adventskalender
»Schokowurst«

🕐 1 Stunde ✳ Kühlzeit 6 Stunden

1 Die beiden Schokoladensorten zerkleinern und über einem Wasserbad zusammen mit der Butter schmelzen.

2 ⅔ der Vanillekipferl in einen Gefrierbeutel geben und mit Hilfe eines Teigrollers fein zerdrücken. Die restlichen Vanillekipferl mit Hilfe eines Messers in gröbere Stücke hacken. Die Walnusskerne fein hacken.

3 Die Schokoladenmischung vom Wasserbad nehmen und Vanillekipferl, Walnusskerne, Pistazien, Lebkuchengewürz und Rum unterrühren. Das Ganze ca. 20 Minuten in den Kühlschrank stellen.

4 Anschließend die Schokoladenmasse als Streifen auf ein Backpapier geben und zu einer Wurst einrollen. Mit Alufolie einpacken und für mindestens 5 Stunden in den Kühlschrank legen.

5 Die Schokoladenwurst in Puderzucker wälzen. Zum Verschenken in Klarsichtfolie einwickeln und mit einer 24er-Einteilung beschriften.

Tipp

* *

Die Schokoladenwurst hält sich kühl gelagert ca. 4 Wochen. Das Rezept lässt sich leicht variieren: Verwenden Sie z.B. Trockenfrüchte, Butterkekse, Amaretti, Nougat oder Marzipan für die Füllung.

* *

Teig
* 1 Grundrezept Lebkuchen
  von Seite 55

Guss
* 1 Eiweiß
* 250 g Puderzucker
* Lebensmittelfarbe

Außerdem
* dekoratives Band
* Ausstechformen

ebkuchenkranz

🕐 3 Stunden * Kühlzeit 12 Stunden

1. Den Lebkuchenteig nach dem Grundrezept herstellen.

2. Am nächsten Tag den Backofen auf 180 °C vorheizen. Den Teig auf einer bemehlten Arbeitsfläche auf Backblechgröße ausrollen. Mit Hilfe einer ca. 27 cm großen runden Schüssel einen großen Kreis ausschneiden. Aus diesem mit einer kleineren Schüssel (ca. 14 cm Durchmesser) in der Mitte ein Loch ausschneiden.

3. Aus dem restlichen Lebkuchenteig dekorative Figuren nach Wunsch ausstechen. Alle Lebkuchenteile auf ein mit Backpapier belegtes Backblech legen und im heißen Backofen ca. 18 Minuten backen, dann auskühlen lassen.

4. Für die Verzierung das Eiweiß etwas steif schlagen und den Puderzucker einrühren. Einen Teil vom Guss in einen Spritzbeutel mit kleiner Lochtülle geben und die Ränder der Figuren nachspritzen, trocknen lassen.

5. Den restlichen Puderzuckerguss mit Lebensmittelfarbe einfärben und die Figuren damit verzieren. Trocknen lassen.

6. Die Figuren mit etwas Puderzuckerguss auf den Lebkuchenkranz kleben und trocknen lassen. Ein dekoratives Band zum Aufhängen am Kranz befestigen.

Bären

* 4 dunkle Pralinenkugeln
  (z. B. Lindorkugeln von Lindt)
* 4 weiße Pralinenkugeln
  (z. B. Lindorkugeln von Lindt)
* etwas Zartbitterkuvertüre

* etwas weiße Kuvertüre
* 50 g Marzipanrohmasse
* 25 g Puderzucker
* Kakao zum Einfärben

Außerdem
* 8 Cakepop-Stiele

Gute Freunde

🕐 1 Stunde ✳ 8 Stück

1 Die Pralinenkugeln vorsichtig auf die Cakepop-Stiele stecken. Die beiden Kuvertüresorten getrennt über einem heißen Wasserbad schmelzen und mit einem Zahnstocher dunkle Augen auf die hellen und weiße Augen auf die dunklen Pralinenkugeln tupfen.

2 Die Marzipanrohmasse mit dem Puderzucker verkneten. Die Masse halbieren. Eine Hälfte mit Kakao braun einfärben. Aus der hellen Marzipanmasse Ohren für die hellen Kugeln sowie eine Nase für die dunklen Kugeln formen und auf den Kugeln anbringen, eventuell mit etwas Kuvertüre ankleben.

3 Aus der dunklen Marzipanmasse die Ohren für die dunklen Kugeln sowie Nasen für die hellen Kugeln formen und anbringen. Eine kleine dunkle Marzipankugel auf die helle Nase der Braun-bären setzen.

Häuschen
* 1 Eiweiß
* 250 g Puderzucker
* große Marshmallows
* große Kakao-Butterkekse
* Mini-Butterkekse
* evtl. etwas Zartbitterkuvertüre

Tannenbäume
* 3–4 Eiswaffeltüten
* weiße und goldene Mini-Zuckerperlen (Nonpareils)
* große Butterkekse
* Puderzucker zum Bestäuben

Außerdem
* Spritzbeutel mit Lochtulle
* Pinsel

Verschneites Dorf
🕐 2 Stunden

1. Für die Kekshäuschen das Eiweiß steif schlagen und den Puderzucker einrühren. Den Guss in einen Spritzbeutel mit kleiner Lochtülle füllen.

2. Mit etwas Guss jeweils 1 Marshmallow in die Mitte eines Kakao-Butterkeks kleben. 2 kleine Butterkekse als Wände ansetzen. Am besten kurz in den Kühlschrank stellen, damit der Zuckerguss schneller fest wird.

3. Danach jeweils 2 kleine Butterkekse mit Guss zu einem Dach zusammenkleben. Das Ganze wieder trocknen lassen. Zum Schluss die Häuschen mit dem Guss und nach Belieben mit geschmolzener Zartbitterkuvertüre verzieren.

4. Für die Tannen werden die Waffeltüten mit dem Guss bepinselt, wenn er zu fest ist, rühren Sie noch etwas heißes Wasser hinein. Trocknen lassen.

5. Anschließend mit dem Spritzbeutel spiralförmige Linien auf die Eistüte spritzen und mit Zuckerperlen bestreuen. Die Bäume auf einen großen Butterkeks setzen. Zum Schluss alles mit Puderzucker bestäuben.

Tipp
****

Sie können die Tannenbäume vor dem Verzieren mit Schokolade füllen.
Dafür Schokolade schmelzen, evtl. mit Nougat, gehackten Nüssen, Rosinen oder
Schokolinsen mischen und in die Waffeltüten füllen. Fest werden lassen.
****

Teig

* ½ Grundrezept Lebkuchen
  von Seite 55

Guss

* 1 Eiweiß
* 250 g Puderzucker
* Lebensmittelfarben

Dekoration

* Zuckerperlen
* Süßigkeiten

Außerdem

* Cakepop-Stiele
* Herzausstechform,
  ca. 9 cm groß
* kleine Sternausstecher
* Spritzbeutel mit Lochtülle

Lebkuchenherzen

🕐 1,5 Stunden ✳ Kühlzeit 12 Stunden

1 Den Lebkuchenteig nach dem Grundrezept herstellen.

2 Am nächsten Tag den Backofen auf 180 °C vorheizen. Den Teig auf einer bemehlten Arbeits-fläche ausrollen und Herzen und Sterne ausstechen. Auf ein mit Backpapier belegtes Back-blech legen und im heißen Backofen ca. 18 Minuten backen.

3 Die Herzen auf einem Kuchengitter etwas abkühlen lassen. Die Cakepop-Stiele vorsichtig in die noch warmen Lebkuchenherzen stecken, dann die Cakepops auskühlen lassen.

4 Für die Verzierung das Eiweiß etwas steif schlagen und den Puderzucker einrühren. Den Zu-ckerguss in einen Spritzbeutel mit kleiner Lochtülle geben und die Ränder der Lebkuchenher-zen verzieren. Die Innenflächen der Herzen nach Belieben mit Zuckerguss, Zuckerperlen und Süßigkeiten verzieren. Trocknen lassen.

Tipp

✳✳

Wenn noch Teig übrig bleibt, probieren Sie doch mal die Rentiertorte von Seite 16 – aus dem restlichen Teig können Sie das Geweih herstellen. Oder sie machen weitere Lebkuchenherzen mit einem Aufhängeloch und schmücken damit Ihren Christbaum oder ein paar Tannenzweige.

✳✳

Teig

* 450 g Mehl
* 2 Päckchen Trockenhefe
* 70 g Zucker
* 1 Prise Salz
* 1 Päckchen Vanillezucker
* 180 ml lauwarme Milch
* 1 Ei, Größe M
* 40 g zerlassene Butter

Guss

* 250 g Puderzucker
* ca. 4 EL Wasser

Dekoration

* 100 g Marzipanrohmasse
* 50 g Puderzucker
* gelbe und rote Lebensmittelfarbe
* 30 g Zartbitterkuvertüre
* Puderzucker zum Bestäuben

Außerdem

* Fett zum Frittieren

Kleine Schneemanngesichter

🕐 1 Stunde * Gehzeit 2 Stunden * 35 Stück

1 Alle Teigzutaten in eine Schüssel geben und mit den Knethaken eines elektrischen Rührgerätes zu einem glatten Teig verarbeiten. Zugedeckt an einem warmen Ort, am besten bei ca. 35 °C im Backofen etwa 1 Stunde gehen lassen.

2 Den Teig auf einer bemehlten Arbeitsfläche etwa fingerdick ausrollen. Mit Hilfe eines Glases ca. 35 Kreise ausstechen und aus diesen in der Mitte jeweils ebenfalls einen kleinen Kreis ausstechen. Verwenden Sie dazu zum Beispiel einen Fingerhut. Die Teigringe zugedeckt nochmals etwa 45 Minuten gehen lassen.

3 Das Frittierfett in einem großen Topf oder in der Fritteuse auf ca. 175 °C erhitzen und die Donuts portionsweise darin von beiden Seiten hellbraun frittieren. Auf einem Gitter abkühlen lassen.

4 Für den Guss den Puderzucker sieben und mit dem Wasser zu einem glatten Guss verrühren. Die Donuts in den Guss eintauchen und zum Trocknen auf ein Gitter legen.

5 Die Marzipanmasse mit Puderzucker verkneten und orange einfärben. Daraus die Nasen formen und diese jeweils in die Mitte der Donuts setzen. Die Kuvertüre in einen Gefrierbeutel geben, diesen in ein heißes Wasserbad geben und die Kuvertüre schmelzen. Eine ganz kleine Ecke des Beutels abschneiden und mit der Kuvertüre jeweils die Augen und den Mund auf die Donuts zeichnen.

Tipp

Wenn es schnell gehen soll, können Sie auch gekaufte Donuts verwenden.

Teig

* 250 g Mehl
* 50 g Zucker
* 1 Päckchen Vanillezucker
* ½ Päckchen Trockenhefe
* 60 ml lauwarme Buttermilch
* 2 Eier, Größe M
* 1 Prise Salz

Zum Bestreichen

* 2 EL lauwarme Milch

Dekoration

* 100 g Zartbitterkuvertüre
* 25 Schoko-Gebäckstangen
  (z. B. Mikado)

Außerdem

* Ausstechform Lebkuchen-
  mann, ca. 7 cm hoch

Stutenkerle am Stiel

🕐 1,5 Stunden ✳ Gehzeit 45 Minuten

1 Alle Teigzutaten in eine große Schüssel geben und mit den Knethaken eines
   elektrischen Rührgeräts daraus einen glatten Hefeteig kneten. Diesen am besten bei
   30 °C im Backofen etwa 45 Minuten gehen lassen.

2 Den Backofen auf 180 °C vorheizen. Den Hefeteig auf der bemehlten Arbeitsfläche
   ausrollen und etwa 25 Kerle ausstechen. Auf ein mit Backpapier ausgelegtes Backblech
   legen, mit Milch bestreichen und 15–17 Minuten backen. Auf einem Kuchengitter
   auskühlen lassen.

3 Die Zartbitterkuvertüre klein hacken und im heißen Wasserbad schmelzen. Die Füße
   der Kerle eintauchen. Augen und Knöpfe mit Hilfe eines Zahnstochers auftupfen.
   Sie können auch die Kuvertüre in einen Gefrierbeutel füllen, eine kleine Spitze
   abschneiden und die Kuvertüre so aufspritzen. Trocknen lassen.

4 Die Gebäckstangen als Stiel vorsichtig in die Stutenkerle stecken (oder Cakepop-Stiele
   nehmen).

Tipp

****

So können Sie natürlich auch Engel oder andere Figuren herstellen.

****

53

- ✳ 300 g heller Biskuitboden, z. B. Wiener Boden
- ✳ 200 g Sahne
- ✳ 1 Päckchen Sahnesteif
- ✳ 75 g Ananas aus der Dose
- ✳ Kokosraspel zum Wälzen
- ✳ 100 g Marzipanrohmasse
- ✳ 50 g Puderzucker
- ✳ Lebensmittelfarben
- ✳ 3–4 Gummischnüre
- ✳ Schokoperlen als Augen
- ✳ kleine Zuckerperlen (Nonpareils)
- ✳ Minibesen aus der Puppenstube

Die Drei vom Schneeräumdienst

🕐 2,5 Stunden ✳ Kühlzeit 30 Minuten ✳ Foto auf Seite 59

1 Den Tortenboden fein zerkrümeln. Sahne und Sahnesteif mit einem elektrischen Rührgerät steif schlagen und unter die Biskuitkrümel mischen. Ananas in sehr kleine Stückchen schneiden und untermengen. Die Masse für ca. 30 Minuten in den Kühlschrank stellen.

2 Anschließend aus der Biskuitmasse 3 große und 3 kleinere Kugeln formen und in den Kokosraspeln wälzen, evtl. vorher mit etwas Milch bestreichen. Die kleinere Kugel auf die größere setzen.

3 Die Marzipanrohmasse mit Puderzucker verkneten und vierteln. 1 Viertel für die Nase orange einfärben, die anderen Viertel nach Belieben für die Mützen einfärben. Nasen und Mützen formen. Die Nasen aufstecken.

4 Von den Gummischnüren ein kleines Stück abschneiden und als Mund verwenden. Die restlichen Schnüre als Schal um den Hals legen. Die Schokoperlen als Augen leicht eindrücken.

5 Die Marzipanmützen aufsetzen und oben noch eine kleine Zuckerperle als Bommel hineindrücken. Zum Schluss den Schneemännern die Besen „in die Hand drücken", also die Besen dekorativ in den Schneemannkörper stecken. Eventuell aus der restlichen Biskuitmasse kleine Schneebälle formen und in den Kokosraspeln wälzen.

Tipp

****

Sie können als Hut auch Mini-Papierförmchen für Muffins nehmen. Witzig sieht es auch aus, wenn Sie den Schneemännern kleine Stücke von Gummischnüren oder Lakritzschnecken als Haare auf den Kopf stecken.

****

* 500 g Honig
* 500 g brauner Zucker
* 300 g Butter
* 1 kg Mehl
* 3 TL Lebkuchengewürz

* 50 g Kakao
* 2 Eier, Größe L
* 2 TL Pottasche
* 2 EL Rum
* 2 EL Wasser

Lebkuchen Grundrezept

🕐 1 Stunde ✳ Kühlzeit 12 Stunden

1   Honig, brauner Zucker und Butter in einen Topf geben und erhitzen bis sich der Zucker gelöst hat. Den Topf vom Herd nehmen und die Masse abkühlen lassen.

2   Die Honigmasse in eine große Schüssel geben. Mehl, Lebkuchengewürz, Kakao und Eier hinzufügen und mit den Knethaken eines elektrischen Rührgeräts verkneten.

3   Die Pottasche mit Rum und Wasser verrühren, bis sie sich gelöst hat und unter die Honig-Mehlmasse kneten. Den Teig solange kneten bis er glänzt. Sollte er noch zu klebrig sein, geben Sie noch etwas Mehl hinzu.

4   Die Schüssel mit Folie abdecken und den Teig über Nacht kühl stellen.

Tipp

****

Das Lebkuchengewürz können Sie auch selbst mischen. Dafür ½ TL gemahlenen Zimt, ¼ TL gemahlene Nelken, ¼ TL gemahlenen Kardamom, ¼ TL gemahlenen Muskat, ¼ TL gemahlenen Piment, ¼ g gemahlenen Koriander und ½ TL gemahlenen Ingwer miteinander mischen. Die Gewürzmischung in einer gut verschließbaren Dose aufbewahren.

****

Schornstein

1x

2x

1x

Giebel
2x

Tür
1x

16 cm

11 cm

Dach
2x

23 cm

16 cm

17 cm

Seitenteil 2x

14 cm

Rezeptregister

Alphabetisches Register

Impressum

1. Auflage

ISBN: 978-3-572-08161-5
© 2014 by Bassermann Inspiration, einem Unternehmen der
Verlagsgruppe Random House GmbH, 81673 München

Umschlaggestaltung: Atelier Versen, Bad Aibling
Layout: Katharina Schweissguth, Visuelle Kommunikation, München
Fotografie und Foodstyling: Andreas Ketterer, Evelyn Layher
www.ketterer-layher-foodphoto.de
Vorlagen auf Seite 56, 57: Tanja Dostal
Bildredaktion: Sabine Kestler
Herstellung: Elke Cramer
Projektleitung: Anja Halveland
Satz: Lore Wildpanner, München

Reproduktion: Regg Media GmbH, München
Druck und Verarbeitung: Mohn Media Mohndruck GmbH, Gütersloh

Printed in Germany

Verlagsgruppe Random House FSC® N001967
Das für diesen Titel verwendete FSC®-zertifizierte Papier *Novatech satin*
wurde produziert von UPM Dörpen.